ABC der Tiere

Spracharbeitsheft

2

Teil C

Herausgegeben von
Klaus Kuhn

Erarbeitet von
Klaus Kuhn
Kerstin Mrowka-Nienstedt

Name: _____

Klasse: _____

Auf diesen Seiten kannst du überprüfen, was du gelernt hast
und was du noch üben musst. So gehst du vor:

Bearbeite die Aufgaben
zu einem Thema.

Schätze dich selbst ein.

Kontrolliere mithilfe
der Lösungen.

Wenn ich mehr als
drei Fehler in einer Aufgabe habe,
übe ich zu diesem Thema noch
einmal im Sprachbuch oder ich bitte
um ein Lerngespräch.

Nomen und Artikel (Teil A S. 6 – 14, Lösungsbeilage Seite 2)

1. Welche Wörter sind Nomen?

   Schreibe sie mit dem Artikel ein oder eine auf.

Schule	vor	Schale	gestern	Buch
spielen	Garten	husten	Hund	in

2. Schreibe nur die Nomen mit dem Artikel der, die oder das auf.

   hoseauflachenpferdblumewannschifftischzusonnegehenheftnein

3. Schreibe jedes Nomen in der Einzahl und in der Mehrzahl auf.

Auto	Kind	Fenster	Tasche	Buch
Licht	Frau	Berg	Glocke	Hase

4. Schreibe den Text in dein Heft und setze die passenden Nomen ein.

Jedes Jahr fahren die mit dem  oder

dem  weit weg.

Sie reisen an das oder in die ⌒⌒⌒ .

Im sind , ✋ und 👓 .

Hoffentlich scheint die .

Hosen	Sonne	Auto	Leute	Meer
Berge	Socken	Koffer	Zug	Sonnenbrillen

 ## Lerntagebuch

Ein Lerntagebuch hilft dir, darüber nachzudenken,

was du gelernt hast und was du noch üben möchtest.

Mit diesen Zeichen kannst du dich bewerten:

☺ Das kann ich sehr gut.

😐 Das mache ich meistens richtig.

☹ Das muss ich noch üben.

So führt Hanna ihr Lerntagebuch:

Was habe ich gelernt?

- Ich erkenne Nomen und schreibe sie groß. ☺
- Ich kann Einzahl und Mehrzahl bilden. 😐
- Ich kann die richtigen Artikel verwenden. ☺
- Ich kann Wörter in die Häuschen A und B eintragen. ☺
- Ich kann die Wörter der Wortliste richtig schreiben. ☺

Das möchte ich noch üben:

- Einzahl und Mehrzahl

Schreibe eine Seite in dein Lerntagebuch.

Wortliste

Blätter

Blume

Brille

Ferien

Glocke

Hund

Junge

Kind

Leute

Pflanze

Pfütze

Raupe

Riese

Schiff

Schnecke

Sonne

Straße

Tulpe

Wasser

Abc (Teil A S. 16 – 23, Lösungsbeilage Seite 2)

1. Schreibe die Wörter mit den richtigen Selbstlauten auf.

   Welcher Selbstlaut steht immer in der 2. Silbe?

     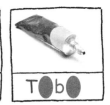

G●b●l W●ss●r V●g●l F●nst●r F●ng●r T●b●

2. Ordne die Wörter nach dem Abc.

   Haus   Cent   bezahlen   weinen   Sonne   Euro

3. Ordne die Wörter nach dem Abc.

   Achte dabei auch auf den zweiten Buchstaben.

   Gemüse   Erde   grün   Euro   Buch   Brot

4. Schlage die Wörter im Wörterbuch nach und

   schreibe sie mit Seitenzahl und Spalte auf.

Verben (Teil A S. 26 – 29, Lösungsbeilage Seite 2)

5. Schreibe alle Verben auf.

   Tisch   singen   machen   Wolf   suchen
   finden   Stunde   rechnen   brauchen   Eis

Sätze (Teil A S. 32, 33, Lösungsbeilage Seite 2)

6. Bilde passende Sätze.

die Kinder
die Vögel   die Autos   hupen   fliegen   spielen
die Blumen   die Hunde   blühen   bellen

Doppelte Mitlaute (Teil A S. 24, 25, 30, 31, Lösungsbeilage Seite 2)

7. l oder ll? Denke an die Häuschen.

Großschreibung (Teil A S. 32, 33, Lösungsbeilage Seite 2)

8. Im folgenden Text sind alle Nomen und die Satzanfänge kleingeschrieben. Schreibe den Text richtig auf.

auf dem bauernhof

malte und hanna besuchen einen bauernhof.

dort können sie viele tiere sehen.

die kühe grasen auf der weide hinter dem haus.

der hahn steht auf dem misthaufen und kräht laut.

die bäuerin fährt mit dem traktor auf den hof.

sie begrüßt die kinder freundlich und

gibt ihnen ein glas frische milch zu trinken.

schmeckt das lecker!

 Lerntagebuch

Schreibe in dein Lerntagebuch, was du gelernt hast.

Wie gut kannst du die Aufgaben? Male ☺ 😐 ☹.

Was möchtest du noch üben?

Was habe ich gelernt?

- Ich kann Wörter nach dem Abc ordnen.
- Ich erkenne Verben und schreibe sie klein.
- Ich kann offene und geschlossene Silben unterscheiden.
- Ich kann Wörter in Häuschen C eintragen.
- Ich kann die Wörter der Wortliste richtig schreiben.

Das möchte ich noch üben:

 Wortliste

Affe

Bär

brummen

fliegen

fressen

Katze

klettern

Koffer

Mäuse

schwimmen

Tiger

Zucker

Verben (Teil A S. 34 – 41, Lösungsbeilage Seite 2, 3)

1. Finde die Verben und schreibe sie auf.

SINGENKINDSORECHNENSCHREIBENFAMILIEBALDROSENFINDENFÜHREN

2. Schreibe den Wortstamm folgender Verben auf:

bellen   reisen   schlafen   bremsen   reden   wünschen

3. Ergänze die Sätze mit einem passenden Verb in der er-Form.

Ben _____ mit seinem Freund Fußball.

Aysun _____ ein Bild für ihre Tante.

Timo _____ über einen Witz.

Gökhan _____ gerne Limonade.

Hanna _____ einen Brief an ihre Freundin.

Eva _____ mit ihrem Hund in den Park.

lachen
gehen
trinken
malen
spielen
schreiben

4. Bilde die er-Form. Denke dabei an die Häuschen A und C.

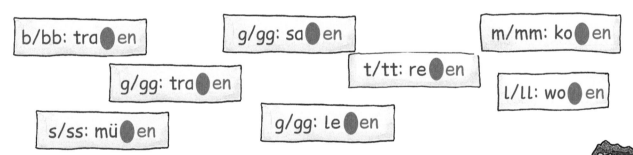

b/bb: tra●en

g/gg: sa●en

m/mm: ko●en

g/gg: tra●en

t/tt: re●en

l/ll: wo●en

s/ss: mü●en

g/gg: le●en

5. Schreibe den Text mit den richtigen Verbformen ab.

Malte (erzählen):

Am Sonntag (schlafen) alle länger. Dann (decken) ich den Tisch.

Mutter (kochen) Kaffee, Vater (kaufen) frische Brötchen.

Nun (frühstücken) wir gemütlich zusammen.

Was (machen) ihr am Sonntagmorgen?

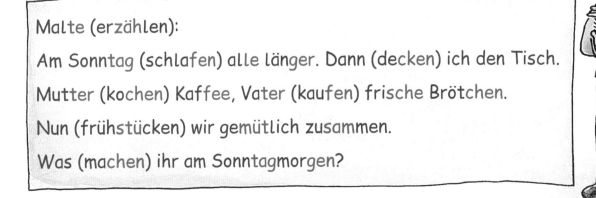

Umlaute Ä/ä, Äu/äu (Teil A S. 42, 43, Lösungsbeilage Seite 3)

6. Schreibe die Wörter in der Einzahl und in der Mehrzahl mit Artikel auf.
   Setze E/e oder Ä/ä ein.

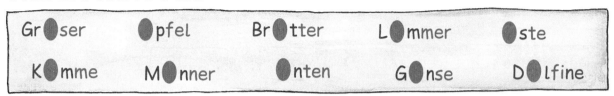

Gr●ser   ●pfel   Br●tter   L●mmer   ●ste

K●mme   M●nner   ●nten   G●nse   D●lfine

7. Schreibe die Wörter in der Einzahl und in der Mehrzahl mit Artikel auf.
   Setze Äu/äu oder Eu/eu ein.

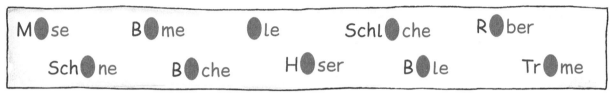

M●se   B●me   ●le   Schl●che   R●ber

Sch●ne   B●che   H●ser   B●le   Tr●me

8. Schreibe die Grundform und die er-Form auf. Setze ä oder e ein.

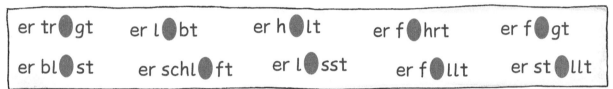

er tr●gt   er l●bt   er h●lt   er f●hrt   er f●gt

er bl●st   er schl●ft   er l●sst   er f●llt   er st●llt

 Lerntagebuch

Schreibe in dein Lerntagebuch, was du gelernt hast.
Wie gut kannst du die Aufgaben? Male .
Was möchtest du noch üben?

Was habe ich gelernt?

- Ich erkenne Verben und schreibe sie klein.
- Ich erkenne den Wortstamm.
- Ich kann alle Verbformen bilden.
- Ich kann entscheiden, wenn die er-Form
  mit einem doppeltem Mitlaut geschrieben wird.
- Ich kann entscheiden, wann ein Wort mit
  Ä/ä oder Au/Äu geschrieben wird.
- Ich kann die Wörter der Wortliste richtig schreiben.

Das möchte ich noch üben:

 Wortliste

Bäume

Drachen

Feld

Herbst

Kastanie

Mädchen

Nuss

pfeifen

pflücken

rennen

spielen

von

Wiese

Wind

Adjektive (Teil A S. 48 – 53, Lösungsbeilage Seite 3)

1. Schreibe jeweils zwei Sätze. Setze die Adjektive in der richtigen Form ein.

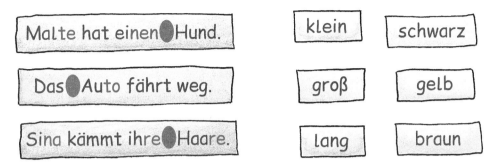

Malte hat einen ● Hund.   klein   schwarz

Das ● Auto fährt weg.   groß   gelb

Sina kämmt ihre ● Haare.   lang   braun

2. Finde die Adjektive und schreibe die Gegensatzpaare auf.

laut   und   wenn   leise   reisen   süß

lachen   klein   auf   nie   groß   tun

sauer   fleißig   schlafen   faul

Wörter mit ß / r nach Selbstlaut (Teil A S. 54, 55, 60, Lösungsbeilage Seite 3)

3. Schreibe die Sätze ab und ergänze die Wörter mit ß.

In der _____ Pause spielen die Kinder Ball.

Max stößt sich den _____ an einem Stein an.

Heute arbeiten alle Kinder _____.

Schokolade ist _____.

Die Suppe schmeckt _____ am besten.

Rätsel lösen macht allen Kindern _____.

fleißig   süß   heiß   groß   Spaß   Fuß

4. Sprich die Verben deutlich und gebärde alle r nach dem Vokal.
   Schreibe zu jedem Verb die er-Form und unterstreiche alle r.

dürfen   lernen   antworten   turnen   warten   arbeiten

Verben (Teil A S. 56 – 58, Lösungsbeilage Seite 3)

5. Schreibe den Text ab und ergänze die Verben in der richtigen Form.

> Ich (haben) einen älteren Bruder. Er (heißen) Ben.
>
> Am Samstag (helfen) wir unseren Eltern im Haushalt.
>
> Eva (wischen) den Boden. Ben (gehen) zum Bäcker.
>
> Ich (saugen) die Zimmer und (putzen) das Waschbecken.
>
> Was (machen) du zu Hause?
>
> Wenn alle mit (anfassen), (können) ihr eher etwas gemeinsam unternehmen.

Doppelter Mitlaut (Teil A S. 59, Lösungsbeilage Seite 4)

6. Schreibe die Wörter richtig auf. Denke an die Häuschen A und C.

t/tt: Va●er   d/dd: Bru●er   m/mm: Zi●er   l/ll: schne●er

p/pp: Pu●e   l/ll: Te●er   l/ll: Wo●e   t/tt: Ke●e   p/pp: Su●e

 Lerntagebuch

Schreibe in dein Lerntagebuch, was du gelernt hast.

Wie gut kannst du die Aufgaben? Male ☺ 😐 ☹.

Was möchtest du noch üben?

Was habe ich gelernt?

- Ich erkenne Adjektive und schreibe sie klein.
- Ich kann eine Satztreppe mit Adjektiven bilden.
- Ich kenne Wörter mit ß.
- Ich kann Wörter mit r nach einem Vokal richtig schreiben.
- Ich kann alle Verbformen bilden.
- Ich kann die Wörter der Wortliste richtig schreiben.

Das möchte ich noch üben:

 Wortliste

Bruder

fleißig

Fußball

groß

Gruß

Gurke

heiß

Mutter

Spaß

traurig

Vater

weiß

Zimmer

Nomen (Teil A S. 64 – 66, Lösungsbeilage Seite 4)

1. Bilde zusammengesetzte Nomen und schreibe sie auf.

-en, -el, -er am Wortende (Teil A S. 73, Lösungsbeilage Seite 4)

2. Schreibe die Sätze ab und ergänze -en, -el oder -er.

Im Wint◯ ist es lange dunk◯.

Die Kind◯ mal◯ gerne mit einem Pins◯.

Schnitz◯ isst man mit Mess◯ und Gab◯.

ng oder nk? (Teil A S. 72, Lösungsbeilage Seite 4)

3. Schreibe den Text ab und ergänze ng oder nk.

Timo ist kra◯. Er liegt mit einer Lu◯enentzündu◯ im Bett.

Da kli◯elt es an der Haustür. Sein Freund Ben kommt ihn

besuchen. Er überreicht Timo ein kleines Gesche◯.

Timo beda◯t sich bei seinem Freund. Hoffentlich dauert es

nicht mehr la◯e, bis er wieder gesund ist.

k oder ck? (Teil A S. 70, 71, Lösungsbeilage Seite 4)

4. Schreibe die Wörter auf und ergänze k oder ck.

le◯er
dru◯en

Ha◯en
We◯er

schme◯en
La◯en

tro◯en
erschre◯en

E◯e
wa◯eln

5. Schreibe die Sätze ab und ergänze k oder ck.

Eva hä◯elt eine De◯e.

Opa pflü◯t Kirschen.   Oma ba◯t einen Kuchen.

Sätze (Teil A S. 63, 68, 69, Lösungsbeilage Seite 4)

6. Bilde Sätze und schreibe sie auf.

die Jungen	spielen	Karten
Eva	lesen	in ihr Tagebuch
die Katze	fangen	ein Lied
Hanna	flöten	eine Maus
die Kinder	lernen	einen Wunschzettel
Aysun	schreiben	ein Gedicht

7. Bilde richtige Sätze und schreibe sie auf.

Anna	schneidet aus	an das Fenster
einen Stern	mit einer Schere	sie
auf gelbes Papier	sie	klebt
malt	den Stern	ihn

 Lerntagebuch

Schreibe in dein Lerntagebuch, was du gelernt hast.
Wie gut kannst du die Aufgaben? Male ☺ 😐 ☹.
Was möchtest du noch üben?

Wortliste

Advent

backen

knacken

Lied

Plätzchen

schenken

schmücken

singen

springen

Stern

trinken

Wecker

Weihnachten

<u>Was habe ich gelernt?</u>

• Ich kann zusammengesetzte Nomen bilden.
• Ich schreibe Wörter mit -en, -el und -er
  am Wortende richtig.
• Ich schreibe Wörter mit k und ck richtig.
• Ich höre den Unterschied zwischen ng und nk.
• Ich kann die Wörter der Wortliste richtig schreiben.

<u>Das möchte ich noch üben:</u>

b – p, d – t, g – k? (Teil A S. 86, 87, Lösungsbeilage Seite 4)

1. Schreibe die Wörter auf und ergänze die fehlenden Buchstaben.

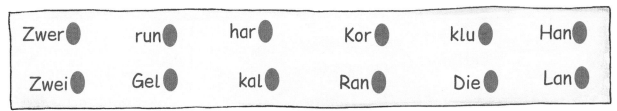

Zwer●   run●   har●   Kor●   klu●   Han●

Zwei●   Gel●   kal●   Ran●   Die●   Lan●

2. Schreibe die Sätze ab und ergänze die fehlenden Buchstaben.

Der Autofahrer hu●t vor dem Haus.

Der Hun● ist blin●.

Das Kin● fra●t die Lehrerin.

Das Pfer● tra●t über die Wiese.

Satzschlusszeichen (Teil A S. 84, 85, Lösungsbeilage Seite 4)

3. Schreibe das Gespräch in der richtigen Reihenfolge auf.
   Ergänze einen Punkt oder ein Fragezeichen.

Was hast du in den Ferien gemacht

Woher hattet ihr das Holz

Ich habe einen Köcher für die Pfeile gebastelt

Wo bewahrst du die Pfeile auf

Ich habe einen Bogen mit meinem Opa gebaut

Wir haben einen Ast von einem Haselstrauch abgeschnitten

Fragesätze (Teil A S. 84, 85, Lösungsbeilage Seite 5)

4. Lies den Text und schreibe Fragen dazu auf.
   Frage gezielt mit den Wörtern auf den Karten:

wer   wie   wann   wo   warum   was

Teichfrösche suchen sich im Herbst einen feuchten und
geschützten Platz in der Nähe eines Gewässers.
Sie verstecken sich unter Steinen oder Wurzeln und
fallen dort in eine Winterstarre. Ihr Herz schlägt sehr langsam
und man kann die Atmung fast nicht mehr spüren.
So können sie kalte Winter gut überstehen.

Geschichten schreiben (Teil A S. 88 – 94, Lösungsbeilage Seite 5)

5. Betrachte die Bilder genau.

Was könnte auf dem ersten Bild zu sehen sein? Überlege:

- Wann spielt die Geschichte?
- Wo spielt die Geschichte?
- Wer kommt in der Geschichte vor?
- Was geschieht?

Die Überschrift darf ich nicht vergessen.

6. Schreibe die Geschichte mit einer Überschrift auf.

 Lerntagebuch

Schreibe in dein Lerntagebuch, was du gelernt hast.
Wie gut kannst du die Aufgaben? Male   .
Was möchtest du noch üben?

Was habe ich gelernt?

- Ich schreibe einsilbige Wörter mit b − p, d − t, g − k am Wortende richtig.
- Ich kann Fragen bilden und richtig aufschreiben.
- Ich gebe am Anfang einer Geschichte Auskunft auf die Fragen:
  Wann ...?, Wo ...?, Wer ...?, Was ...?
- Ich kann die Wörter der Wortliste richtig schreiben.

Das möchte ich noch üben:

 Wortliste

Dienstag
er fragt
er gibt
er sagt
Freund
Frühling
Geburtstag
gelb
Hand
Jahr
Kleid
Monat
rund
Tag

Nomen (Teil B S. 10 – 13, Lösungsbeilage Seite 5)

1. Schreibe jedes Nomen mit der Nachsilbe -chen auf.

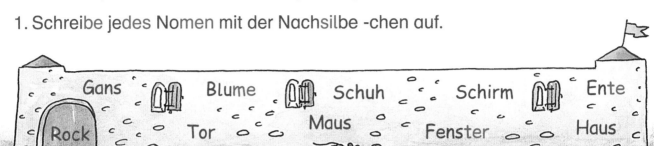

Gans   Blume   Schuh   Schirm   Ente
Rock   Tor   Maus   Fenster   Haus

2. Schreibe nur die Nomen auf. Wende die Nomen-Probe an (Teil A S. 13).

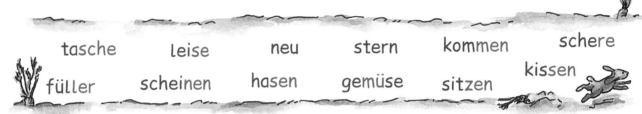

tasche   leise   neu   stern   kommen   schere
füller   scheinen   hasen   gemüse   sitzen   kissen

Adjektive (Teil B S. 5 – 7, Lösungsbeilage Seite 5)

3. Schreibe jeweils die gegensätzlichen Adjektive auf.

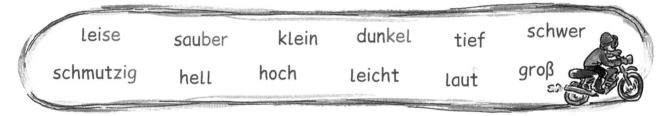

leise   sauber   klein   dunkel   tief   schwer
schmutzig   hell   hoch   leicht   laut   groß

4. Schreibe nur die Adjektive auf. Wende die Adjektiv-Probe an (Teil A S. 53).

STEIN   KALT   GEHT   SCHÖN   WEINT   GESUND
BLEIBT   DICK   GROSS   PFERD   GLÜCKLICH

5. Schreibe Satztreppen auf.

Die Kinder finden Edelsteine.	schön	groß
Goldmarie schüttelt die Kissen.	weiß	weich
Frau Holle ist eine Frau.	alt	gerecht

Eu/eu oder Äu/äu (Teil B S. 14, 15, Lösungsbeilage Seite 5)

6. Schreibe die Sätze ab und setze Eu/eu oder Äu/äu ein.

> Die Verk●ferin gibt der Kundin n●n ●ro zurück.
> Die Kinder r●men die n●en Spielsachen weg.
> Viele L●te sehen das F●er.
> Die F●erwehrmänner rollen die Schl●che aus.

Großschreibung (Teil B S. 9, Lösungsbeilage Seite 6)

7. Schreibe den Text ab. Setze Punkte und schreibe die Satzanfänge und Nomen groß.

sterntaler ist ein armes, kleines mädchen es hat keine eltern mehr es besitzt nur noch seine kleider und ein kleines stückchen brot allein geht es in die weite welt hinaus es verschenkt alle seine kleider und das brot auf einmal fallen die sterne als geldstücke vom himmel und es hat ein weißes hemdchen an

 Lerntagebuch

Schreibe in dein Lerntagebuch, was du gelernt hast.
Wie gut kannst du die Aufgaben? Male ☺ 😐 ☹.
Was möchtest du noch üben?

Was habe ich gelernt?

• Ich kann neue Nomen mit der Nachsilbe -chen bilden.
• Ich finde gegensätzliche Adjektive.
• Ich weiß, ob ich Wörter mit Eu/eu oder Äu/äu schreiben muss.
• Ich kann in Texten Punkte setzen und Satzanfänge und Nomen großschreiben.
• Ich kann die Wörter der Wortliste richtig schreiben.

Das möchte ich noch üben:

Wortliste

Eis
er schickt
er träumt
Feuer
hässlich
Häuser
heute
Hexe
Märchen
neu
neun
Stuhl

Nomen (Teil B S. 20, 21, Lösungsbeilage Seite 6)

1. Bilde zusammengesetzte Nomen. Verwende dazu immer zwei Bildkarten.

2. Aus welchen Nomen sind die folgenden Wörter zusammengesetzt?

   Schreibe sie mit dem Artikel auf.

Kirschbaum	Schuhschrank	Ritterrüstung
Butterblümchen	Schneeflocke	
Heringssalat	Haustür	Hosentasche

Satzschlusszeichen (Teil B S. 30, 31, 38, 39, Lösungsbeilage Seite 6)

3. Schreibe die Sätze ab

   und ergänze die fehlenden Satzschlusszeichen (. ? !).

i oder ie? (Teil B S. 32 – 34, Lösungsbeilage Seite 6)

4. Schreibe die Wörter ab und ergänze i oder ie.

K●ste Sch●ne w●ssen g●ßen s●ben

K●ssen T●nte W●se h●nken R●se

5. Schreibe die einsilbigen Nomen auf und ergänze i oder ie.

Sch●ld Br●f Sch●ff K●nd T●r Sp●l

ch (Teil B S. 35, Lösungsbeilage Seite 6)

6. Trage die Wörter mit ch in eine Tabelle ein.

ch wie in Milch	ch wie in Nacht
Teich	

Teich	suchen	reich	machen	leicht
rechnen	Dach	lachen	Woche	weich

Lerntagebuch

Schreibe in dein Lerntagebuch, was du gelernt hast.
Wie gut kannst du die Aufgaben? Male ☺ ☺ ☹.
Was möchtest du noch üben?

Was habe ich gelernt?

- Ich kann zusammengesetzte Nomen in einzelne Nomen zerlegen.
- Ich kann die Satzzeichen . ? ! richtig ergänzen.
- Ich schreibe Wörter mit ie richtig.
- Ich schreibe Wörter mit ch richtig.
- Ich kann die Wörter der Wortliste richtig schreiben.

Das möchte ich noch üben:

Wortliste

Biene

Brief

Eule

Fuchs

Käfer

kriechen

liegen

Schmetterling

sieben

siegen

Spiel

Tier

Vorsilben (Teil B S. 43, 44, Lösungsbeilage Seite 6)

1. Schreibe die Verben mit passenden Vorsilben auf.

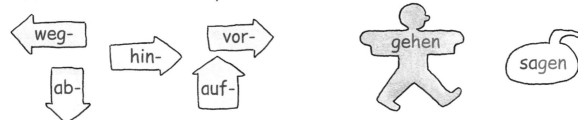

2. Schreibe zu jedem Verb aus Aufgabe 1 einen Satz.

3. Schreibe die Texte ab. Setze die Vorsilbe ver- oder vor- ein.

Anna muss den Aufsatz ●schreiben.
Der Arzt ●schreibt Max Hustensaft.

Aysun darf ●gehen.
Die Zeit ●geht langsam.

Hanna will die Geschichte ●lesen.
Sie ●liest sich dreimal.

Max will das Haus ●lassen.
Er muss den Hund ●lassen.

Sp / sp, St / st oder Sch / sch (Teil B S. 50, 51, Lösungsbeilage Seite 7)

4. Schreibe den Text ab und setze Sp / sp, St / st oder Sch / sch ein.

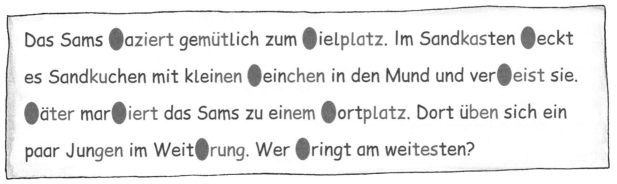

Das Sams ●aziert gemütlich zum ●ielplatz. Im Sandkasten ●eckt es Sandkuchen mit kleinen ●einchen in den Mund und ver●eist sie. ●äter mar●iert das Sams zu einem ●ortplatz. Dort üben sich ein paar Jungen im Weit●rung. Wer ●ringt am weitesten?

Wortfeld „sehen" (Teil B S. 47, Lösungsbeilage Seite 7)

5. Ersetze das Verb sehen durch treffendere Wörter.

Hanna sieht, wie die Bienen Nektar sammeln.

Timo sieht am Waldrand ein Reh.

Der Kapitän sieht auf das Meer hinaus.

In aller Ruhe sieht er das Gemälde.

betrachten

blicken

entdecken

beobachten

Fehler finden (Teil B S. 49, Lösungsbeilage Seite 7)

6. Finde die sechs Fehler und schreibe den Text richtig. Nutze das Wörterbuch.

> Das Wasser fließt aus der Kwelle in den See.
> Hanna geht mit ihrem Fater ins Schwimmbad.
> Auf dem Spielplatz sind file Kinder.
> In der Wase sind gelbe Tulpen.
> Die Hekse reitet auf ihrem Besen durch die Luft.
> Xaver hat 80 Sent in seinem Geldbeutel.

Doppelter Mitlaut

(Teil B S. 52, Lösungsbeilage Seite 7)

7. Sprich und klatsche die Nomen.
   Trage die Wörter in Häuschen A oder
   Häuschen C ein.

k/ck: Stö●e

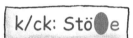 k/ck: Stö●e

 n/nn: Spi●e

l/ll: Stä●e

t/tt: Spli●er

 t/tt: Spa●en

k/ck: Spu●e

 Lerntagebuch

Schreibe in dein Lerntagebuch, was du gelernt hast.
Wie gut kannst du die Aufgaben? Male ☺ ☺ ☹.
Was möchtest du noch üben?

 Wortliste

ein paar …

Klavier

links

Mai

Schnee

See

Stadt

verstehen

vier

Vogel

vorlesen

Zoo

Was habe ich gelernt?

• Ich kann neue Verben mit den Vorsilben vor- und ver- bilden.
• Ich kann *sehen* durch treffende Verben ersetzen.
• Ich schreibe Wörter mit Sp/sp, St/st und Sch/sch richtig.
• Ich finde Fehler in einem Text.
• Ich schreibe Wörter mit doppeltem Mitlaut richtig.
• Ich kann die Wörter der Wortliste richtig schreiben.

Das möchte ich noch üben:

F / f oder Pf / pf (Teil B S. 69, 70, Lösungsbeilage Seite 7)

1. Schreibe die Sätze ab und ergänze die Lücken mit F/f oder Pf/pf.

Max ●ährt mit dem ●ahrrad zu seinem ●legepony.
Er bindet das Pony an einem ●osten ●est und ●legt
das ●ell mit einer weichen Bürste. Nach einer Weile
stam●t das ●erd ungeduldig mit dem Hu● au●.
Max klo●t ihm beruhigend den Hals. Zum Schluss
●ettet Max die Hu●e ein. Nun ist das Pony ●ertig.

Diagramme lesen (Teil B S. 61, Lösungsbeilage Seite 7)

2. Im Balkendiagramm sind die Hobbys der Klasse 2a dargestellt.

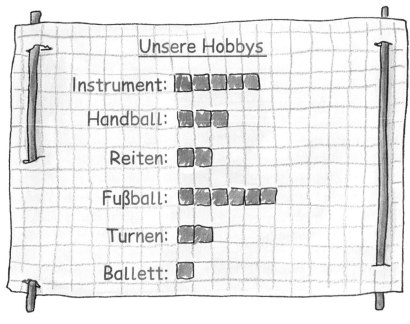

Unsere Hobbys

Instrument:
Handball:
Reiten:
Fußball:
Turnen:
Ballett:

Schreibe die Sätze ab und ergänze die Lücken
mithilfe des Diagramms.

In der Klasse 2a sind 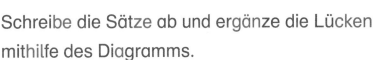 Schüler.

Die meisten Kinder spielen ⬛ .

Gleich viele Kinder ⬛ und ⬛ .

Die wenigsten Kinder machen ⬛ .

Fünf Kinder spielen ein ⬛ .

Fußball spielen doppelt so viele Kinder wie .

z oder tz? (Teil B S. 72 – 74, Lösungsbeilage Seite 7)

3. Schreibe die Wörter auf und ergänze z oder tz.

Spa●en   Schnau●e   ri●en   rei●en   Ka●e

Wei●en   fli●en   we●en   hei●en   kra●en

Eine Geschichte schreiben (Teil B S. 75 – 80, Lösungsbeilage Seite 7, 8)

4. Betrachte die Bilder.

Was könnte auf dem dritten Bild zu sehen sein?

5. Schreibe die Geschichte mit einer Überschrift auf.

Der Mittelteil der Geschichte soll spannend sein.

 Lerntagebuch

Schreibe in dein Lerntagebuch, was du gelernt hast.

Wie gut kannst du die Aufgaben? Male ☺ 😐 ☹.

Was möchtest du noch üben?

Was habe ich gelernt?

• Ich kann ein Balkendiagramm lesen.
• Ich schreibe Wörter mit Pf / pf richtig.
• Ich schreibe Wörter mit tz richtig.
• Ich schreibe den Mittelteil einer Geschichte spannend.
• Ich kann die Wörter der Wortliste richtig schreiben.

Das möchte ich noch üben:

 Wortliste

Apfel

dann

Fell

Ohr

Pferd

Pony

putzen

Schnauze

schnell

Schreck

schwarz

Spatz

Stummes h (Teil B S. 88 – 90, Lösungsbeilage Seite 8)

1. Ordne die einsilbigen Wörter mit dem stummen h

   nach ihren Endbuchstaben.

   Was fällt dir auf?

Zahn	Jahr	Pfahl	Rahm	Ohr	Kohl
zahm	Bahn	Hahn	sehr	kühl	Lehm

2. Setze folgende Wörter ein: *ihn, ihm, ihr, ihr*

Der Schiffsjunge Piet klettert zu Kapitän Holzbein

ins Beiboot. Dieser reicht ⬜ ein Ruder.

Nach kurzer Zeit erreichen sie ⬜ Ziel.

Sie ziehen ⬜ Boot an Land.

Der Kapitän holt die Schatzkarte.

Erwartungsvoll blickt Piet ⬜ an.

Wortfeld „gehen" (Teil B S. 86, Lösungsbeilage Seite 8)

3. Ersetze das Verb gehen durch treffendere Wörter.

   Malte geht die Leiter hinauf.

   Hanna geht mit Lena um die Wette.

   Die Katze geht zum Mauseloch.

   Das Pferd geht über die Hindernisse.

   Der Vogel geht auf dem Ast hin und her.

schleichen | hüpfen | springen | klettern | laufen

Eine Einladung schreiben (Teil B S. 83, Lösungsbeilage Seite 8)

4. Du möchtest deinen Freund oder deine Freundin zu
deiner Geburtstagsfeier einladen.
Schreibe eine Einladung. Denke an die Angaben zu folgenden Fragen:

| Wer ...? | Wann ...? | Wo ...? | Was ...? | Wen ...? |

Beschreiben (Teil B S. 85, Lösungsbeilage Seite 8)

5. Ergänze die Beschreibung von Kapitän Holzbein:

> Auf dem Kopf hat er …
> Im Gesicht besitzt er …
> Auf der Schulter sitzt …
> Er trägt … und …
> Das Messer steckt …
> Besonderes Kennzeichen:

 Lerntagebuch

Schreibe in dein Lerntagebuch, was du gelernt hast.
Wie gut kannst du die Aufgaben? Male   .
Was möchtest du noch üben?

 Wortliste

Bahn

er geht

ihr

Klasse

kühl

mehr

Pirat

plötzlich

sehr

Uhr

Woche

Zahl

Zahn

Was habe ich gelernt?

- Ich schreibe eine Einladung mit den wichtigsten Angaben.
- Ich kann *gehen* durch treffendere Verben ersetzen.
- Ich schreibe einsilbige Wörter mit stummem h richtig.
- Ich kann die Wörter ihm, ihn, ihnen, ihr verwenden.
- Ich kann eine Person beschreiben.
- Ich kann die Wörter der Wortliste richtig schreiben.

Das möchte ich noch üben:

Selbstständig üben mit Wortkarten

Wörter auf Wortkarten schreiben

1. Sammle Wörter, die du schwierig findest.
   Schlage diese Wörter im Wörterbuch nach.

er liest

2. Schreibe immer ein Wort auf eine Karte:
   - bei Nomen mit Artikel
   - bei Verben die Grundform
   - bei Adjektiven nur das Adjektiv

   der Mann   lesen   rund

3. Schreibe so auf die Rückseite der Karte:
   - bei Nomen die Mehrzahl mit Artikel
   - bei Verben die er-Form
   - bei Adjektiven die Verlängerung
     mit einem passenden Nomen

   die Männer

   er liest

   der runde Ball

4. Ordne die Wortkarten in das erste Fach
   der Lernbox ein.

neue Wörter   2. Übung   3. Übung   4. Übung
1. Übung

Alleine üben mit den Wortkarten

1. Schaue die Vorderseite und die Rückseite
   der Wortkarten genau an und sprich in Silben.

2. Lege die Karte weg.
   Sprich in Silben und schreibe auf.

3. Vergleiche genau.

4. Ordne die Karte in die Lernbox ein:
   - Richtig geschriebene Wörter wandern ein Fach weiter.
   - Falsch geschriebene Wörter bleiben in dem Fach,
     aus dem du es genommen hast.

**Du kannst auch
mit einem Partner üben!**

Bestell-Nr. 2405-91
ISBN 978-3-619-24591-8

Spracharbeitsheft bestehend aus Teil A, Teil B, **Teil C mit Lösungsbeilage**, Kartonbeilage und CD-ROM ABC der Tiere 2